# 中华人民共和国
# 妇女权益保障法
# 学习问答

U0872342

含典型案例

法律出版社法规中心／编

法律出版社
LAW PRESS · CHINA
北京

图书在版编目(CIP)数据

中华人民共和国妇女权益保障法学习问答 / 法律出版社法规中心编. -- 北京 : 法律出版社, 2022
ISBN 978-7-5197-7226-0

Ⅰ. ①中… Ⅱ. ①法… Ⅲ. ①妇女权益保障法—中国—问题解答 Ⅳ. ①D922.75

中国版本图书馆 CIP 数据核字(2022)第 197807 号

**中华人民共和国妇女权益保障法学习问答**
**ZHONGHUA RENMIN GONGHEGUO FUNÜ QUANYI BAOZHANGFA XUEXI WENDA**

法律出版社法规中心 编

责任编辑 董 昱 赵雪慧
装帧设计 汪奇峰

**出版发行** 法律出版社
**编辑统筹** 法规出版分社
**责任校对** 李慧艳
**责任印制** 耿润瑜
**经　　销** 新华书店

**开本** A5
**印张** 3.375　**字数** 62 千
**版本** 2022 年 11 月第 1 版
**印次** 2022 年 11 月第 1 次印刷
**印刷** 天津嘉恒印务有限公司

地址:北京市丰台区莲花池西里 7 号(100073)
网址:www.lawpress.com.cn
投稿邮箱:info@lawpress.com.cn
举报盗版邮箱:jbwq@lawpress.com.cn

销售电话:010-83938349
客服电话:010-83938350
咨询电话:010-63939796

**书号**:ISBN 978-7-5197-7226-0
**定价**:18.00 元

凡购买本社图书,如有印装错误,我社负责退换。电话:010-83938349

# 目　　录

## 学习问答

## 第二章 政治权利

## 第三章　人身和人格权益

## 第四章　文化教育权益

## 第五章　劳动和社会保障权益

## 第六章　财产权益

## 第七章　婚姻家庭权益

## 第八章 救济措施

## 第九章　法律责任

## 第十章　附　　则



## 典型案例

# 学习问答

## 01 现行《中华人民共和国妇女权益保障法》是什么时候通过的？

**答：**现行《中华人民共和国妇女权益保障法》于 1992 年 4 月 3 日，由第七届全国人民代表大会第五次会议通过。

## 02 现行《中华人民共和国妇女权益保障法》的修改历程是什么？

**答：**现行《中华人民共和国妇女权益保障法》于 1992 年 4 月 3 日，由第七届全国人民代表大会第五次会议通过后，修改情况如下：2005 年 8 月 28 日第十届全国人民代表大会常务委员会第十七次会议《关于修改〈中华人民共和国妇女权益保障法〉的决定》第一次修正；2018 年 10 月 26 日第十三届全国人民代表大会常务委员会第六次会议《关于修改〈中华人民共和国野生动物保护法〉等十五部法律的决定》第二次修正；2022 年 10 月 30 日第十三届全国人民代表大会常务委员会第三十七次会议修订。

## 03 2022 年修订后的《中华人民共和国妇女权益保障法》的基本框架是什么？

**答：**2022 年修订后的《中华人民共和国妇女权益保障法》共 10 章 86 条，包含总则、政治权利、人身和人格权益、文化教育权益、劳动和社会保障权益、财产权益、婚姻家庭权益、救济措施、法律责任、附则。

# 第一章　总　　则

## 04 《中华人民共和国妇女权益保障法》的立法目的是什么？

**答：**《中华人民共和国妇女权益保障法》的立法目的是：保障妇女的合法权益，促进男女平等和妇女全面发展，充分发挥妇女在全面建设社会主义现代化国家中的作用，弘扬社会主义核心价值观。

## 05 《中华人民共和国妇女权益保障法》的立法依据是什么？

**答：**《中华人民共和国妇女权益保障法》的立法依据是《中华人民共和国宪法》。

## 06 《中华人民共和国妇女权益保障法》的基本原则是什么？

**答：**《中华人民共和国妇女权益保障法》的基本原则分为以下三个层次：

（1）男女平等是国家的基本国策。妇女在政治的、经济的、文化的、社会的和家庭的生活等各方面享有同男子平等的权利。

（2）国家采取必要措施，促进男女平等，消除对妇女一切形式的歧视，禁止排斥、限制妇女依法享有和行使各项权益。

（3）国家保护妇女依法享有的特殊权益。

## 07 保障妇女权益的工作机制是什么？

**答：**坚持中国共产党对妇女权益保障工作的领导，建立政府主导、各方协同、社会参与的保障妇女权益工作机制。

## 08 各级人民政府、县级以上人民政府及有关部门的妇女权益保障工作职责是什么？

**答：**各级人民政府应当重视和加强妇女权益的保障工作。

县级以上人民政府负责妇女儿童工作的机构，负责组织、协调、指导、督促有关部门做好妇女权益的保障工作。

县级以上人民政府有关部门在各自的职责范围内做好妇女权益的保障工作。

## 09 保障妇女合法权益的主体是谁？

**答：**保障妇女的合法权益是全社会的共同责任。国家机关、社会团体、企业事业单位、基层群众性自治组织以及其他组织和个人，应当依法保障妇女的权益。

国家采取有效措施，为妇女依法行使权利提供必要的条件。

## 10 妇女发展纲要、规划如何制定、实施？

**答：**国务院制定和组织实施中国妇女发展纲要，将其纳入国民经济和社会发展规划，保障和促进妇女在各领域的全面发展。

县级以上地方各级人民政府根据中国妇女发展纲要，制定和组织实施本行政区域的妇女发展规划，将其纳入国民经济和社会发展规划。

## 11 如何保障妇女权益保障的经费？

**答：**县级以上人民政府应当将妇女权益保障所需经费列入本级预算。

## 12 各级妇女联合会在保障妇女权益方面的职责是什么？

**答：**中华全国妇女联合会和地方各级妇女联合会依照法律和中华全国妇女联合会章程，代表和维护各族各界妇女的利益，做好维护妇女权益、促进男女平等和妇女全面发展的工作。

## 13 工会、共产主义青年团、残疾人联合会等群团组织在保障妇女权益方面的职责是什么？

**答：**工会、共产主义青年团、残疾人联合会等群团组织应当在各自的工作范围内，做好维护妇女权益的工作。

## 14 妇女应如何维护自身合法权益？

**答：**国家鼓励妇女自尊、自信、自立、自强，运用法律维护自身合法权益。

## 15 妇女应履行哪些义务？

**答：**妇女应当遵守国家法律，尊重社会公德、职业道德和家庭美德，履行法律所规定的义务。

## 16 有关机关制定或者修改涉及妇女权益的法律、法规、规章和其他规范性文件时，应注意什么？

**答：**有关机关制定或者修改涉及妇女权益的法律、法规、规章和其他规范性文件，应当听取妇女联合会的意见，充分考虑妇女的特殊权益，必要时开展男女平等评估。

## 17 国家如何对妇女发展状况进行监测？

**答：**国家建立健全妇女发展状况统计调查制度，完善性别统计监测指标体系，定期开展妇女发展状况和权益保障统计调查和分析，发布有关信息。

## 18 如何进行男女平等基本国策的宣传教育？

**答：**国家将男女平等基本国策纳入国民教育体系，开展宣传教育，增强全社会的男女平等意识，培育尊重和关爱妇女的社会风尚。

## 19 国家对保障妇女合法权益成绩显著的组织和个人，如何进行表彰和奖励？

**答：**国家对保障妇女合法权益成绩显著的组织和个人，按照有关规定给予表彰和奖励。

# 第二章 政治权利

## 20 妇女享有与男子平等的政治权利吗？

**答：**妇女享有与男子平等的政治权利，而且国家保障妇女享有与男子平等的政治权利。

## 21 妇女行使政治权利的具体表现是什么？

**答：**妇女有权通过各种途径和形式，依法参与管理国家事务、管理经济和文化事业、管理社会事务。

## 22 妇女和妇女组织如何行使建议权？

**答：**妇女和妇女组织有权向各级国家机关提出妇女权益保障方面的意见和建议。

## 23 如何保障妇女的选举权和被选举权？

**答：**妇女享有与男子平等的选举权和被选举权。

全国人民代表大会和地方各级人民代表大会的代表中，

应当保证有适当数量的妇女代表。国家采取措施，逐步提高全国人民代表大会和地方各级人民代表大会的妇女代表的比例。

居民委员会、村民委员会成员中，应当保证有适当数量的妇女成员。

## 24 如何保障女干部的培养和选拔？

**答：**国家积极培养和选拔女干部，重视培养和选拔少数民族女干部。

国家机关、群团组织、企业事业单位培养、选拔和任用干部，应当坚持男女平等的原则，并有适当数量的妇女担任领导成员。

妇女联合会及其团体会员，可以向国家机关、群团组织、企业事业单位推荐女干部。

国家采取措施支持女性人才成长。

## 25 妇女联合会如何进行政治参与？

**答：**妇女联合会代表妇女积极参与国家和社会事务的民主协商、民主决策、民主管理和民主监督。

## 26 有关部门如何处理有关妇女权益保障工作的批评或者建议，申诉、控告和检举？

**答：**对于有关妇女权益保障工作的批评或者合理可行的建议，有关部门应当听取和采纳；对于有关侵害妇女权益的申诉、控告和检举，有关部门应当查清事实，负责处理，任何组织和个人不得压制或者打击报复。

# 第三章　人身和人格权益

## 27　妇女享有与男子平等的人身和人格权益吗？

**答：**妇女享有与男子平等的人身和人格权益，而且国家保障妇女享有与男子平等的人身和人格权益。

## 28　如何保障妇女的人身自由？

**答：**妇女的人身自由不受侵犯。禁止非法拘禁和以其他非法手段剥夺或者限制妇女的人身自由；禁止非法搜查妇女的身体。

## 29　如何保障妇女的人格尊严？

**答：**妇女的人格尊严不受侵犯。禁止用侮辱、诽谤等方式损害妇女的人格尊严。

## 30　如何保障妇女的生命权、身体权、健康权？

**答：**妇女的生命权、身体权、健康权不受侵犯。禁止虐待、遗弃、残害、买卖以及其他侵害女性生命健康权益的行为。

禁止进行非医学需要的胎儿性别鉴定和选择性别的人工终止妊娠。

医疗机构施行生育手术、特殊检查或者特殊治疗时，应当征得妇女本人同意；在妇女与其家属或者关系人意见不一致时，应当尊重妇女本人意愿。

## 31 《中华人民共和国妇女权益保障法》对拐卖、绑架妇女等行为是如何规定的？

**答：**禁止拐卖、绑架妇女；禁止收买被拐卖、绑架的妇女；禁止阻碍解救被拐卖、绑架的妇女。

各级人民政府和公安、民政、人力资源和社会保障、卫生健康等部门及村民委员会、居民委员会按照各自的职责及时发现报告，并采取措施解救被拐卖、绑架的妇女，做好被解救妇女的安置、救助和关爱等工作。妇女联合会协助和配合做好有关工作。任何组织和个人不得歧视被拐卖、绑架的妇女。

## 32 被性骚扰的受害妇女，如何保护自身权益？

**答：**禁止违背妇女意愿，以言语、文字、图像、肢体行为等方式对其实施性骚扰。

受害妇女可以向有关单位和国家机关投诉。接到投诉的有关单位和国家机关应当及时处理，并书面告知处理结果。

受害妇女可以向公安机关报案，也可以向人民法院提起民事诉讼，依法请求行为人承担民事责任。

## 33 学校如何对女学生进行自我保护方面的教育？

**答：**学校应当根据女学生的年龄阶段，进行生理卫生、心理健康和自我保护教育，在教育、管理、设施等方面采取措施，提高其防范性侵害、性骚扰的自我保护意识和能力，保障女学生的人身安全和身心健康发展。

## 34 学校如何处理性侵害、性骚扰女学生的违法犯罪行为？

**答：**学校应当建立有效预防和科学处置性侵害、性骚扰的工作制度。对性侵害、性骚扰女学生的违法犯罪行为，学校不得隐瞒，应当及时通知受害未成年女学生的父母或者其他监护人，向公安机关、教育行政部门报告，并配合相关部门依法处理。

## 35 如何保护遭受性侵害、性骚扰的女学生的隐私？

**答：**对遭受性侵害、性骚扰的女学生，学校、公安机关、教育行政部门等相关单位和人员应当保护其隐私和个人信息，并提供必要的保护措施。

## 36 用人单位应当采取哪些措施预防和制止对妇女的性骚扰？

**答：**用人单位应当采取下列措施预防和制止对妇女的性骚扰：

（1）制定禁止性骚扰的规章制度。

（2）明确负责机构或者人员。

（3）开展预防和制止性骚扰的教育培训活动。

（4）采取必要的安全保卫措施。

（5）设置投诉电话、信箱等，畅通投诉渠道。

（6）建立和完善调查处置程序，及时处置纠纷并保护当事人隐私和个人信息。

（7）支持、协助受害妇女依法维权，必要时为受害妇女提供心理疏导。

（8）其他合理的预防和制止性骚扰措施。

## 37 住宿经营者如何有效防范侵害妇女权益的违法犯罪行为？

**答：**住宿经营者应当及时准确登记住宿人员信息，健全住宿服务规章制度，加强安全保障措施；发现可能侵害妇女权益的违法犯罪行为，应当及时向公安机关报告。

## 38 法律禁止妇女及利用妇女进行哪些色情活动？

**答：**禁止卖淫、嫖娼；禁止组织、强迫、引诱、容留、介绍妇女卖淫或者对妇女进行猥亵活动；禁止组织、强迫、引诱、容留、介绍妇女在任何场所或者利用网络进行淫秽表演活动。

## 39 法律保护妇女的哪些人格权益？

**答：**妇女的姓名权、肖像权、名誉权、荣誉权、隐私权和个人信息等人格权益受法律保护。

## 40 媒体、大众传播媒介等在报道涉及妇女事件时，要注意什么？

**答：**媒体报道涉及妇女事件应当客观、适度，不得通过夸大事实、过度渲染等方式侵害妇女的人格权益。

禁止通过大众传播媒介或者其他方式贬低损害妇女人格。

## 41 使用妇女肖像时，要注意什么？

**答：**未经本人同意，不得通过广告、商标、展览橱窗、报纸、期刊、图书、音像制品、电子出版物、网络等形式使用妇女肖像，但法律另有规定的除外。

## 42 禁止哪些因婚恋纠纷侵犯妇女人身权利的行为？

**答：**禁止以恋爱、交友为由或者在终止恋爱关系、离婚之后，纠缠、骚扰妇女，泄露、传播妇女隐私和个人信息。

## 43 妇女因婚恋纠纷而遭受侵害或者面临侵害现实危险的，如何获得救济？

**答：**妇女遭受上述侵害或者面临上述侵害现实危险的，可以向人民法院申请人身安全保护令。

## 44 国家如何保障妇女健康？

**答：**国家建立健全妇女健康服务体系，保障妇女享有基本医疗卫生服务，开展妇女常见病、多发病的预防、筛查和诊疗，提高妇女健康水平。

国家采取必要措施，开展经期、孕期、产期、哺乳期和更年期的健康知识普及、卫生保健和疾病防治，保障妇女特殊生理时期的健康需求，为有需要的妇女提供心理健康服务支持。

## 45 县级以上地方人民政府如何保障妇女健康？

**答：**县级以上地方人民政府应当设立妇幼保健机构，为妇女提供保健以及常见病防治服务。

## 46 社会力量如何参与妇女卫生健康事业？

**答：**国家鼓励和支持社会力量通过依法捐赠、资助或者提供志愿服务等方式，参与妇女卫生健康事业，提供安全的生理健康用品或者服务，满足妇女多样化、差异化的健康需求。

## 47 用人单位如何保障女职工健康？

**答：**用人单位应当定期为女职工安排妇科疾病、乳腺疾病检查以及妇女特殊需要的其他健康检查。

## 48 妇女享有生育自主权吗？

**答：**妇女享有生育自主权。妇女依法享有生育子女的权利，也有不生育子女的自由。

## 49 国家如何保障妇女的生育安全？

**答：**国家实行婚前、孕前、孕产期和产后保健制度，逐步建立妇女全生育周期系统保健制度。

## 50　医疗保健机构如何保障妇女的生育安全?

**答:** 医疗保健机构应当提供安全、有效的医疗保健服务，保障妇女生育安全和健康。

## 51　有关部门如何保障妇女的生育自主权?

**答:** 有关部门应当提供安全、有效的避孕药具和技术，保障妇女的健康和安全。

## 52　如何满足妇女对公共厕所和母婴室等公共设施的需求?

**答:** 各级人民政府在规划、建设基础设施时，应当考虑妇女的特殊需求，配备满足妇女需要的公共厕所和母婴室等公共设施。

# 第四章　文化教育权益

## 53 妇女享有与男子平等的文化教育权利吗？

**答：**妇女享有与男子平等的文化教育权利，而且国家保障妇女享有与男子平等的文化教育权利。

## 54 如何保障适龄女性未成年人完成义务教育？

**答：**父母或者其他监护人应当履行保障适龄女性未成年人接受并完成义务教育的义务。

对无正当理由不送适龄女性未成年人入学的父母或者其他监护人，由当地乡镇人民政府或者县级人民政府教育行政部门给予批评教育，依法责令其限期改正。居民委员会、村民委员会应当协助政府做好相关工作。

政府、学校应当采取有效措施，解决适龄女性未成年人就学存在的实际困难，并创造条件，保证适龄女性未成年人完成义务教育。

## 55 学校和有关部门、各级人民政府如何保障妇女平等的受教育权？

**答：**学校和有关部门应当执行国家有关规定，保障妇女在入学、升学、授予学位、派出留学、就业指导和服务等方面享有与男子平等的权利。

学校在录取学生时，除国家规定的特殊专业外，不得以性别为由拒绝录取女性或者提高对女性的录取标准。

各级人民政府应当采取措施，保障女性平等享有接受中高等教育的权利和机会。

## 56 如何开展扫除妇女中的文盲、半文盲的工作？

**答：**各级人民政府应当依照规定把扫除妇女中的文盲、半文盲工作，纳入扫盲和扫盲后继续教育规划，采取符合妇女特点的组织形式和工作方法，组织、监督有关部门具体实施。

## 57 如何保障妇女终身学习？

**答：**国家健全全民终身学习体系，为妇女终身学习创造条件。

各级人民政府和有关部门应当采取措施，根据城镇和农村妇女的需要，组织妇女接受职业教育和实用技术培训。

## 58 如何保障妇女平等地从事文化活动？

**答：**国家机关、社会团体和企业事业单位应当执行国家有关规定，保障妇女从事科学、技术、文学、艺术和其他文化活动，享有与男子平等的权利。

# 第五章　劳动和社会保障权益

## 59　妇女享有与男子平等的劳动权利和社会保障权利吗？

**答：**妇女享有与男子平等的劳动权利和社会保障权利，而且国家保障妇女享有与男子平等的劳动权利和社会保障权利。

## 60　各级人民政府和有关部门如何保障妇女就业？

**答：**各级人民政府和有关部门应当完善就业保障政策措施，防止和纠正就业性别歧视，为妇女创造公平的就业创业环境，为就业困难的妇女提供必要的扶持和援助。

## 61　为保障妇女的劳动权，用人单位在招录（聘）过程中，不得实施哪些行为？

**答：**用人单位在招录（聘）过程中，除国家另有规定外，不得实施下列行为：

（1）限定为男性或者规定男性优先。

（2）除个人基本信息外，进一步询问或者调查女性求职者的婚育情况。

（3）将妊娠测试作为入职体检项目。

（4）将限制结婚、生育或者婚姻、生育状况作为录（聘）用条件。

（5）其他以性别为由拒绝录（聘）用妇女或者差别化地提高对妇女录（聘）用标准的行为。

## 62 用人单位与女职工签订的劳动（聘用）合同或者服务协议如何体现对女职工权益的保障？

**答：**用人单位在录（聘）用女职工时，应当依法与其签订劳动（聘用）合同或者服务协议，劳动（聘用）合同或者服务协议中应当具备女职工特殊保护条款，并不得规定限制女职工结婚、生育等内容。

## 63 职工一方与用人单位订立的集体合同中如何体现对女职工权益的保障？

**答：**职工一方与用人单位订立的集体合同中应当包含男女平等和女职工权益保护相关内容，也可以就相关内容制定专章、附件或者单独订立女职工权益保护专项集体合同。

## 64 女职工的劳动报酬和福利待遇是否与男职工不同？

**答：**实行男女同工同酬。妇女在享受福利待遇方面享有与男子平等的权利。

## 65 如何保障女职工在职场中晋职、晋级、评聘专业技术职称和职务、培训等方面的权利？

**答：**在晋职、晋级、评聘专业技术职称和职务、培训等方面，应当坚持男女平等的原则，不得歧视妇女。

## 66 用人单位应如何对女职工进行特殊保护？

**答：**用人单位应当根据妇女的特点，依法保护妇女在工作和劳动时的安全、健康以及休息的权利。

妇女在经期、孕期、产期、哺乳期受特殊保护。

## 67 用人单位是否可以以女职工结婚、怀孕、产假、哺乳等为由降低其待遇，甚至将其辞退？

**答：**用人单位不得因结婚、怀孕、产假、哺乳等情形，降低女职工的工资和福利待遇，限制女职工晋职、晋级、评聘专业技术职称和职务，辞退女职工，单方解除劳动（聘用）合同或者服务协议。

## 68 在女职工怀孕以及依法享受产假期间，劳动（聘用）合同或者服务协议期满的，如何处理？

**答：**女职工在怀孕以及依法享受产假期间，劳动（聘用）合同或者服务协议期满的，劳动（聘用）合同或者服务协议期限自动延续至产假结束。但是，用人单位依法解除、终止劳动（聘用）合同、服务协议，或者女职工依法要求解除、终止劳动（聘用）合同、服务协议的除外。

## 69 用人单位在执行国家退休制度时如何保障妇女权益？

**答：**用人单位在执行国家退休制度时，不得以性别为由歧视妇女。

## 70 人力资源和社会保障部门如何保障男女平等原则的实现？

**答：**人力资源和社会保障部门应当将招聘、录取、晋职、晋级、评聘专业技术职称和职务、培训、辞退等过程中的性别歧视行为纳入劳动保障监察范围。

## 71 国家如何对妇女进行社会保障？

**答：**国家发展社会保障事业，保障妇女享有社会保险、社会救助和社会福利等权益。国家提倡和鼓励为帮助妇女而开展的社会公益活动。

## 72 如何保障女职工的生育权利及其孕产期休息休假权益？

**答：**国家实行生育保险制度，建立健全婴幼儿托育服务等与生育相关的其他保障制度。

国家建立健全职工生育休假制度，保障孕产期女职工依法享有休息休假权益。

地方各级人民政府和有关部门应当按照国家有关规定，为符合条件的困难妇女提供必要的生育救助。

## 73 各级人民政府和有关部门如何加强困难妇女的权益保障？

**答：**各级人民政府和有关部门应当采取必要措施，加强贫困妇女、老龄妇女、残疾妇女等困难妇女的权益保障，按照有关规定为其提供生活帮扶、就业创业支持等关爱服务。

# 第六章 财产权益

## 74 妇女享有与男子平等的财产权利吗？

**答：**妇女享有与男子平等的财产权利，而且国家保障妇女享有与男子平等的财产权利。

## 75 在夫妻共同财产、家庭共有财产关系中，妇女依法享有的权益是否受到保护？

**答：**在夫妻共同财产、家庭共有财产关系中，不得侵害妇女依法享有的权益。

## 76 妇女在农村集体经济组织中与男子平等地享有哪些权利？

**答：**妇女在农村集体经济组织成员身份确认、土地承包经营、集体经济组织收益分配、土地征收补偿安置或者征用补偿以及宅基地使用等方面，享有与男子平等的权利。

## 77 申请农村土地承包经营权、宅基地使用权等不动产登记以及征收补偿安置或者征用补偿协议如何体现对妇女权益的保护？

**答：**申请农村土地承包经营权、宅基地使用权等不动产登记，应当在不动产登记簿和权属证书上将享有权利的妇女等家庭成员全部列明。征收补偿安置或者征用补偿协议应当将享有相关权益的妇女列入，并记载权益内容。

## 78 村民自治章程、村规民约，村民会议、村民代表会议的决定以及其他涉及村民利益事项的决定如何体现对妇女权益的保护？

**答：**村民自治章程、村规民约，村民会议、村民代表会议的决定以及其他涉及村民利益事项的决定，不得以妇女未婚、结婚、离婚、丧偶、户无男性等为由，侵害妇女在农村集体经济组织中的各项权益。

## 79 因结婚男方到女方住所落户的，男方和子女享有的权益的地位如何？

**答：**因结婚男方到女方住所落户的，男方和子女享有与所在地农村集体经济组织成员平等的权益。

## 80 妇女在城镇集体所有财产关系中的权益是否受到保护?

**答:** 国家保护妇女在城镇集体所有财产关系中的权益。妇女依照法律、法规的规定享有相关权益。

## 81 妇女是否享有继承权?

**答:** 妇女享有与男子平等的继承权。妇女依法行使继承权,不受歧视。

## 82 丧偶妇女是否有权依法处分继承的财产?

**答:** 丧偶妇女有权依法处分继承的财产,任何组织和个人不得干涉。

## 83 丧偶儿媳成为第一顺序继承人时,其继承权是否会受到子女代位继承的影响?

**答:** 丧偶儿媳对公婆尽了主要赡养义务的,作为第一顺序继承人,其继承权不受子女代位继承的影响。

# 第七章　婚姻家庭权益

## 84　妇女享有与男子平等的婚姻家庭权利吗?

**答:** 妇女享有与男子平等的婚姻家庭权利，而且国家保障妇女享有与男子平等的婚姻家庭权利。

## 85　妇女享有婚姻自主权吗?

**答:** 妇女享有婚姻自主权，而且国家保护妇女的婚姻自主权。禁止干涉妇女的结婚、离婚自由。

## 86　国家是否建议男女双方婚前进行医学检查或者相关健康体检?

**答:** 国家鼓励男女双方在结婚登记前，共同进行医学检查或者相关健康体检。

## 87 为使当事人建立平等、和睦、文明的婚姻家庭关系，婚姻登记机关应当如何做？

**答：**婚姻登记机关应当提供婚姻家庭辅导服务，引导当事人建立平等、和睦、文明的婚姻家庭关系。

## 88 男方和女方在女方怀孕期间、分娩后一年内或者终止妊娠后六个月内提出离婚的法律后果有何不同？

**答：**女方在怀孕期间、分娩后一年内或者终止妊娠后六个月内，男方不得提出离婚；但是，女方提出离婚或者人民法院认为确有必要受理男方离婚请求的除外。

## 89 禁止对妇女实施家庭暴力的法律依据是什么？

**答：**禁止对妇女实施家庭暴力的法律依据是《中华人民共和国妇女权益保障法》第六十五条第一款。该款规定："禁止对妇女实施家庭暴力。"

## 90 有关机关和组织如何实现对家庭暴力的预防和制止？

**答：**县级以上人民政府有关部门、司法机关、社会团体、企业事业单位、基层群众性自治组织以及其他组织，应当在各自的职责范围内预防和制止家庭暴力，依法为受害妇女提供救助。

## 91 夫妻双方收入状况是否会对妇女享有的平等地处理夫妻共同财产的权利产生影响？

**答：**妇女对夫妻共同财产享有与其配偶平等的占有、使用、收益和处分的权利，不受双方收入状况等情形的影响。

## 92 妇女是否有权要求在夫妻共同所有的不动产以及可以联名登记的动产的权属证书上记载其姓名，并在认为记载事项有误时申请更正登记或者异议登记？

**答：**对夫妻共同所有的不动产以及可以联名登记的动产，女方有权要求在权属证书上记载其姓名；认为记载的权利人、标的物、权利比例等事项有错误的，有权依法申请更正登记或者异议登记，有关机构应当按照其申请依法办理相应登记手续。

## 93 离婚诉讼期间，人民法院应夫妻一方提出的申请对另一方的财产状况进行调查取证的条件是什么？

**答：**离婚诉讼期间，夫妻一方申请查询登记在对方名下财产状况且确因客观原因不能自行收集的，人民法院应当进行调查取证，有关部门和单位应当予以协助。

## 94 离婚诉讼期间，夫妻一方违背申报全部夫妻共同财产的义务的后果是什么？

**答：**离婚诉讼期间，夫妻双方均有向人民法院申报全部夫妻共同财产的义务。一方隐藏、转移、变卖、损毁、挥霍夫妻共同财产，或者伪造夫妻共同债务企图侵占另一方财产的，在离婚分割夫妻共同财产时，对该方可以少分或者不分财产。

## 95 女方因抚育子女、照料老人、协助男方工作等负担较多义务的，是否有权在离婚时要求男方予以补偿，以及补偿办法该如何确定？

**答：**夫妻双方应当共同负担家庭义务，共同照顾家庭生活。女方因抚育子女、照料老人、协助男方工作等负担较多义务的，有权在离婚时要求男方予以补偿。补偿办法由双方协议确定；协议不成的，可以向人民法院提起诉讼。

## 96 离婚时，如何分割夫妻共有的房屋或者处理夫妻共同租住的房屋？

**答：**离婚时，分割夫妻共有的房屋或者处理夫妻共同租住的房屋，由双方协议解决；协议不成的，可以向人民法院提起诉讼。

## 97 父母双方平等地享有对未成年子女的监护权吗？

**答：**父母双方对未成年子女享有平等的监护权。

## 98 父亲不能担任监护人时，未成年子女的监护权由谁享有？

**答：**父亲死亡、无监护能力或者有其他情形不能担任未成年子女的监护人的，母亲的监护权任何组织和个人不得干涉。

## 99 女方丧失生育能力的，离婚处理子女抚养问题时遵循的原则是什么？

**答：**女方丧失生育能力的，在离婚处理子女抚养问题时，应当在最有利于未成年子女的条件下，优先考虑女方的抚养要求。

# 第八章 救济措施

## 100 如何对合法权益受到侵害的妇女进行救济？

**答：**（1）对侵害妇女合法权益的行为，任何组织和个人都有权予以劝阻、制止或者向有关部门提出控告或者检举。有关部门接到控告或者检举后，应当依法及时处理，并为控告人、检举人保密。

（2）妇女的合法权益受到侵害的，有权要求有关部门依法处理，或者依法申请调解、仲裁，或者向人民法院起诉。

（3）对符合条件的妇女，当地法律援助机构或者司法机关应当给予帮助，依法为其提供法律援助或者司法救助。

## 101 妇女联合会如何帮助合法权益受到侵害的妇女？

**答：**妇女的合法权益受到侵害的，可以向妇女联合会等妇女组织求助。妇女联合会等妇女组织应当维护被侵害妇女的合法权益，有权要求并协助有关部门或者单位查处。有关部门或者单位应当依法查处，并予以答复；不予处理或者处理不当的，县级以上人民政府负责妇女儿童工作的机构、妇女联合会可以向其提出督促处理意见，必要时可以提请同级人民政府开展督查。受害妇女进行诉讼需要帮助的，妇女联合会应当给予支持和帮助。

## 102 在用人单位侵害妇女劳动和社会保障权益时，人力资源和社会保障部门可以做些什么？

**答：**用人单位侵害妇女劳动和社会保障权益的，人力资源和社会保障部门可以联合工会、妇女联合会约谈用人单位，依法进行监督并要求其限期纠正。

## 103 妇女在农村集体经济组织成员身份确认等方面的权益受到侵害时可以如何救济？

**答：**妇女在农村集体经济组织成员身份确认等方面权益受到侵害的，可以申请乡镇人民政府等进行协调，或者向人民法院起诉。

## 104 乡镇人民政府应如何保障妇女在农村集体经济组织成员身份确认等方面的权益？

**答：**乡镇人民政府应当对村民自治章程、村规民约，村民会议、村民代表会议的决定以及其他涉及村民利益事项的决定进行指导，对其中违反法律、法规和国家政策规定，侵害妇女合法权益的内容责令改正；受侵害妇女向农村土地承包仲裁机构申请仲裁或者向人民法院起诉的，农村土地承包仲裁机构或者人民法院应当依法受理。

## 105 如何通过妇女权益保护服务热线保护妇女权益？

**答：**（1）县级以上人民政府应当开通全国统一的妇女权益保护服务热线，及时受理、移送有关侵害妇女合法权益的投诉、举报；有关部门或者单位接到投诉、举报后，应当及时予以处置。

（2）鼓励和支持群团组织、企业事业单位、社会组织和个人参与建设妇女权益保护服务热线，提供妇女权益保护方面的咨询、帮助。

## 106 检察机关可以针对哪些侵害妇女合法权益的情形发出检察建议以及提起公益诉讼？

**答：**侵害妇女合法权益，导致社会公共利益受损的，检察机关可以发出检察建议；有下列情形之一的，检察机关可以依法提起公益诉讼：

（1）确认农村妇女集体经济组织成员身份时侵害妇女权益或者侵害妇女享有的农村土地承包和集体收益、土地征收征用补偿分配权益和宅基地使用权益。

（2）侵害妇女平等就业权益。

（3）相关单位未采取合理措施预防和制止性骚扰。

（4）通过大众传播媒介或者其他方式贬低损害妇女人格。

（5）其他严重侵害妇女权益的情形。

## 107 哪些主体可以支持受侵害的妇女对侵害其权益的行为向人民法院起诉？

**答：**国家机关、社会团体、企业事业单位对侵害妇女权益的行为，可以支持受侵害的妇女向人民法院起诉。

# 第九章　法 律 责 任

## 108 针对拐卖、绑架妇女的行为，各级人民政府和公安、民政、人力资源和社会保障、卫生健康等部门及村民委员会、居民委员会未履行报告义务的法律后果是什么？

**答：**依法对直接负责的主管人员和其他直接责任人员给予处分。

## 109 行为人违反《中华人民共和国妇女权益保障法》的规定，对妇女实施性骚扰，应承担什么法律责任？

**答：**由公安机关给予批评教育或者出具告诫书，并由所在单位依法给予处分。

## 110 学校、用人单位违反《中华人民共和国妇女权益保障法》的规定，未采取必要措施预防和制止性骚扰，造成妇女权益受到侵害或者社会影响恶劣的，应承担什么法律责任？

**答：**由上级机关或者主管部门责令改正；拒不改正或者情节严重的，依法对直接负责的主管人员和其他直接责任人员给予处分。

## 111 住宿经营者发现可能侵害妇女权益的违法犯罪行为后，未履行及时向公安机关报告义务的，应承担什么法律责任？

**答：**依法给予警告、责令停业整顿或者吊销营业执照、吊销相关许可证，并处 1 万元以上 5 万元以下罚款。

## 112 行为人违反《中华人民共和国妇女权益保障法》的规定，通过大众传播媒介或者其他方式贬低损害妇女人格的，应承担什么法律责任？

**答：**由公安、网信、文化旅游、广播电视、新闻出版或者其他有关部门依据各自的职权责令改正，并依法给予行政处罚。

## 113 用人单位违反《中华人民共和国妇女权益保障法》第四十三条和第四十八条规定的，应承担什么法律责任？

**答：**由人力资源和社会保障部门责令改正；拒不改正或者情节严重的，处 1 万元以上 5 万元以下罚款。

## 114 违反《中华人民共和国妇女权益保障法》的规定，对侵害妇女权益的申诉、控告、检举，推诿、拖延、压制不予查处，或者对提出申诉、控告、检举的人进行打击报复的，应承担什么法律责任？

**答：**依法责令改正，并对直接负责的主管人员和其他直接责任人员给予处分。

## 115 国家机关及其工作人员未依法履行职责，对侵害妇女权益的行为未及时制止或者未给予受害妇女必要帮助，造成严重后果的，应承担什么法律责任？

**答：**依法对直接负责的主管人员和其他直接责任人员给予处分。

## 116 违反《中华人民共和国妇女权益保障法》的规定，侵害妇女人身和人格权益、文化教育权益、劳动和社会保障权益、财产权益以及婚姻家庭权益的，应承担什么法律责任？

**答：**依法责令改正，直接负责的主管人员和其他直接责任人员属于国家工作人员的，依法给予处分。

## 117 违反《中华人民共和国妇女权益保障法》的规定，侵害妇女的合法权益的，如何追究行为人的行政责任、民事责任以及刑事责任？

**答：**其他法律、法规规定行政处罚的，从其规定；造成财产损失或者人身损害的，依法承担民事责任；构成犯罪的，依法追究刑事责任。

# 第十章 附 则

## 118 2022 年 10 月 30 日修订的《中华人民共和国妇女权益保障法》，从何时开始施行？

**答：**2022 年 10 月 30 日修订的《中华人民共和国妇女权益保障法》自 2023 年 1 月 1 日起施行。

# 典型案例

# 依法惩治家庭暴力犯罪典型案例①

## 案例一 张某某虐待案

### 【基本案情】

被告人张某某，男，1979 年 1 月出生。

被害人李某某，女，殁年 41 岁。

二人 2004 年年底结婚。张某某酗酒后经常因李某某婚前感情问题对其殴打，曾致李某某受伤住院、跳入水塘意图自杀。

2020 年 2 月 24 日凌晨 3 时左右，张某某酗酒后在家中再次殴打李某某，用手抓住李某某头发，多次打其耳光，用拳头击打其胸部、背部。李某某被打后带着儿子前往其父亲李某华家躲避，将儿子放在父亲家后，在村西侧河道内投河自杀。后村民发现李某某的尸体报警。经鉴定，李某某系溺水致死。

山东省平原县公安局于 2020 年 2 月 24 日立案侦查，3 月 9 日移送检察机关审查起诉。

2020 年 3 月 11 日，山东省平原县人民检察院以涉嫌虐待

① 最高人民检察院：《依法惩治家庭暴力犯罪典型案例》，载最高人民检察院官网 2021 年 5 月 7 日，https：//www. spp. gov. cn/xwfbh/wsfbt/202105/t20210507_517255. shtml#2。

罪对张某某决定逮捕，4 月 9 日对其提起公诉。

2020 年 8 月 28 日，山东省平原县人民法院以虐待罪判处张某某有期徒刑六年。一审宣判后，张某某未上诉。

**【检察机关履职情况】**

1. 介入侦查，引导取证

因张某某在村外居住，村民对李某某是否被殴打不知情，张某某的父母也有包庇思想，被害人尸体无明显外伤，侦查初期证据收集较困难。检察机关介入侦查后，提出以殴打持续时间较长、次数较多作为取证方向。侦查机关根据李某某曾被殴打住院的线索，调取李某某就诊的书证，李某某的父亲、母亲、儿子、医生的证言等证据，证实张某某多次殴打李某某的事实。

2. 自行侦查，完善证据

审查起诉阶段，张某某辩解其虽殴打过李某某，但李某某系迷信寻死，其殴打行为不是李某某自杀原因。检察机关开展自行侦查：一是询问李某某父亲，证实李某某案发当日口唇破裂、面部青肿；二是讯问张某某、询问李某某的儿子，证实李某某自杀前流露出悲观厌世的想法，被殴打后精神恍惚；三是询问张某某父母，因张某某被取保候审后殴打其父母，其父母不再包庇如实作证，证实张某某酗酒后经常殴打李某某。

3. 开展救助，解决当事人未成年子女生活问题

案发后，父亲被羁押，母亲离世，被害人未成年儿子生

活无着。检察机关多次派员看望，为其申请司法救助，并向民政部门申请社会救助，使其基本生活得到保障。同时，依托山东省检察院与山东省妇联保护妇女儿童权益工作合作机制，经多方共同努力，其进入职业技术学校学习劳动技能。

**【典型意义】**

1. 介入侦查、自行侦查，提升办案质效

发生在家庭成员间的犯罪，往往存在取证难、定性难等问题。检察机关通过介入侦查、自行侦查，围绕虐待持续时间和次数、虐待手段、造成的后果以及因果关系等取证，从源头提高办案质量。

2. 准确适用虐待罪“致使被害人重伤、死亡”情节

“两高两部”《关于依法办理家庭暴力犯罪案件的意见》规定，因虐待致使被害人不堪忍受而自残、自杀，导致重伤或者死亡的，属于《中华人民共和国刑法》第二百六十条第二款规定的虐待“致使被害人重伤、死亡”。

3. 延伸检察职能，关爱家庭暴力案件未成年子女

夫妻间发生的虐待案件，一方因虐待致死，另一方被定罪服刑，往往造成未成年子女精神创伤、失管失教、生活困难。检察机关办案过程中，应注重协同相关部门和社会力量，对未成年人提供心理辅导、家庭教育指导、经济帮扶等服务，助力未成年人健康成长。

## 案例二 胡某某虐待案

**【基本案情】**

被告人胡某某，女，1989 年 11 月出生。

被害人曹某某，女，殁年 6 岁，系胡某某次女。

曹某某生前主要跟爷爷奶奶生活，后因上学搬来与母亲同住。2019 年 2 月至 4 月，胡某某照顾曹某某日常生活、学习过程中，经常因曹某某“尿裤子”“不听话”“不好好写作业”等以罚跪、“蹲马步”等方式体罚曹某某，并多次使用苍蝇拍把手、衣撑、塑料拖鞋等殴打曹某某。

2019 年 4 月 2 日早 7 时许，胡某某又因曹某某尿裤子对其责骂，并使用塑料拖鞋对其殴打，后胡某某伸手去拉曹某某，曹某某后退躲避，从二楼楼梯口处摔下，经抢救无效当日死亡。经检验，曹某某头部、面部、背臀部、胸腹部及四肢等多处表皮剥脱、伴皮下出血。其中，右大腿中段前侧两处皮肤缺损，达到轻伤二级程度。

河南省淮滨县公安局于 2019 年 4 月 3 日立案侦查，6 月 17 日移送检察机关审查起诉。

2019 年 9 月 6 日，淮滨县人民检察院以胡某某涉嫌虐待罪提起公诉。

2020 年 1 月 6 日，淮滨县人民法院以虐待罪判处胡某某有期徒刑四年六个月。一审宣判后，胡某某未上诉。

【检察机关履职情况】

1. 提前介入，引导侦查

检察机关第一时间介入侦查提出建议：一是全面提取案发现场的客观性证据，如拖鞋、苍蝇拍等，以印证胡某某的供述；二是围绕死者生活、学习轨迹，走访学校、亲属等，查明死者案发前生活、学习及平时被虐待的情况；三是通过尸检报告、伤情鉴定、理化检验报告等，查明死者损伤原因及死因。经侦查查明胡某某虐待致曹某某周身多处损伤、死亡的犯罪事实。

2. 准确适用法律，充分释法说理

被害人的父亲曹某飞及其他近亲属提出，曹某某是被伤害致死，为此多次上访。检察机关就定性、法律适用问题开展听证，邀请曹某某的近亲属、人大代表、政协委员、人民监督员、律师代表等参与。检察机关对胡某某的行为性质及可能受到的处罚进行了论证说理。通过听证，曹某某的近亲属对检察机关的意见表示理解、认同。

3. 推动制度落实，形成保护合力

检察机关以本案为契机，结合近五年辖区内发生的侵害未成年人刑事案件调研分析，针对相关部门在落实强制报告制度过程中的薄弱环节，向相关部门发出检察建议。在检察机关推动下，由政法委牵头，检察机关联合公安、教育、民政等部门建立预防侵害未成年人权益联席会议制度，有效筑牢未成年人权益保护的“防护墙”。

**【典型意义】**

1. 通过引导取证，查清事实准确定性

未成年人的监护人在较长一段时期内持续殴打、体罚子女，情节恶劣的，应当依法以虐待罪定罪处罚。检察机关通过介入侦查，引导侦查机关在案发初期及时固定证据，为案件性质认定筑牢事实、证据基础。

2. 准确区分故意伤害致人死亡、虐待致人死亡和意外事件

根据“两高两部”《关于依法办理家庭暴力犯罪案件的意见》规定，被告人主观上不具有侵害被害人健康或者剥夺被害人生命的故意，而是出于追求被害人肉体和精神上的痛苦，长期或者多次实施虐待行为，逐渐造成被害人身体损害，过失导致被害人重伤或者死亡的，属于虐待“致使被害人重伤、死亡”，应以虐待罪定罪处罚。本案被害人的死亡结果虽然不是虐待行为本身所导致，但被害人的后退躲避行为是基于被告人的虐待行为产生的合理反应，死亡结果仍应归责于被告人，属于虐待“致使被害人重伤、死亡”，不属于意外事件。

3. 注重发挥各方作用，构建联动保护机制

检察机关应推动家庭暴力事件报告制度落实落细，堵塞管理漏洞，通过加强与相关部门联动，促进完善制度机制，形成司法保护、家庭保护、学校保护、政府保护、社会保护的有效衔接。

## 案例三 ┊ 张某某虐待案

### 【基本案情】

被告人张某某，男，1981 年 6 月出生。

被害人王某某，女，殁年 65 岁，系张某某的母亲。

被告人张某某与父母共同居住。2018 年 5 月 7 日，其母亲王某某因精神疾病发作离家，被张某某及其家人接回家中。同年 5 月 7 日至 5 月 10 日，张某某因王某某不睡觉多次持木棒打王某某，致其腿部、头部受伤。同月 10 日下午，王某某在家中死亡。张某某的父亲张某品报案。经鉴定，王某某额部擦挫伤、四肢软组织挫伤，属轻微伤，死因系肺动脉栓塞。另查，张某某亦曾多次殴打其父亲。

贵州省织金县公安局于 2018 年 5 月 18 日立案侦查，6 月 25 日移送检察机关审查起诉。

2018 年 9 月 5 日，贵州省织金县人民检察院以张某某涉嫌虐待罪提起公诉。9 月 14 日，织金县人民法院以虐待罪判处张某某有期徒刑一年六个月。一审宣判后，张某某未上诉。

### 【检察机关履职情况】

1. 完善证据、强化审查，准确认定事实

检察机关派员到案发地走访调查，当地群众反映“王某某被张某某活活打死”。检察机关引导公安机关进一步调查取证，证实张某某在母亲精神疾病病发后未送医，而是持续多天持木棒殴打，造成其轻微伤。检察机关结合张某某供述及证人证言，与鉴定人沟通，咨询法医，确定被告人的虐待行为并非被害人致死原因。最终，检察机关认定被告人的行为构成虐待罪，但不属于虐待“致使被害人死亡”。

2. 听取被害人近亲属意见，开展释法说理

检察机关主动听取死者近亲属张某品的意见，并释明审查认定的事实、证据采信、法律适用等问题，消除其疑惑。宣判后，张某品未提出异议。经回访，张某某刑满释放后，返回家中与其父亲张某品共同居住，未再出现打骂老人的现象。

3. 推动在案发地公开庭审，开展法治宣传

检察机关与人民法院、当地政府沟通，在案发地公开审理。数百名群众旁听庭审，检察机关结合案件特点阐述了虐待罪的构成、法律适用及本案的警示意义。人民法院当庭宣判后，群众表示，通过旁听庭审，直观了解了司法机关办案程序，消除了对被害人死因的误解。

**【典型意义】**

1. 准确把握虐待行为与被害人死亡之间的因果关系

“两高两部”《关于依法办理家庭暴力犯罪案件的意见》规定，因长期或者多次实施虐待行为，逐渐造成被害人身体损害，过失导致被害人死亡的，属于虐待“致使被害人死亡”。被告人虽然实施了虐待行为，但被害人非因上述虐待行为造成死亡，不能认定为因虐待“致使被害人死亡”。

2. 运用事实、证据释法说理，提升司法公信

检察机关主动听取被害人近亲属对案件处理的意见，释明检察机关认定事实、适用法律的依据，让其感受到检察办案的客观公正。

3. 深入落实“谁执法谁普法”责任制

检察机关推动案件到案发地公开庭审，强化以案释法，通过“看得见”“听得到”的普法形式，促进群众学法知法懂法，弘扬尊老美德，普及反家庭暴力知识，增强公民反家庭暴力意识。

## 案例四 毛某某故意伤害案

**【基本案情】**

被不起诉人毛某某，女，1994 年 12 月出生。

被害人王某某，男，1981 年 10 月出生。

二人系夫妻，均系聋哑人。王某某酗酒，经常酒后打骂毛某某。

2019 年 6 月 25 日中午，王某某得知毛某某将自己被打的事情告诉了朋友，说晚上回家要砍断毛某某的脚。于是，毛某某买了一把刀，藏在卧室衣柜内。当晚，王某某回家后在客厅一边喝酒一边打毛某某，并将菜刀放到饭桌上。后因孩子哭闹，毛某某回卧室哄孩子。王某某酒后进入房间，继续打毛某某，说要用菜刀砍断毛某某的脚，并走出房间拿菜刀。毛某某从衣柜拿出刀向王某某身上乱砍，分别砍在王某某头

顶、手臂、腹部等处。王某某夺下刀后，受伤倒地。毛某某到王某某的二姐王某娟家求助，王某娟的丈夫报警。经鉴定，王某某损伤程度为重伤二级，毛某某为轻微伤。

浙江省江山市公安局于2019年6月26日立案侦查，8月6日移送检察机关审查起诉。

2019年12月2日，浙江省江山市人民检察院依据《中华人民共和国刑事诉讼法》第一百七十七条第二款的规定对毛某某作出不起诉决定。

**【检察机关履职情况】**

1. 全面了解案件情况

检察机关派员多次走访，了解到王某某一家6口生活困难，王某某的父母年迈患病无劳动能力；王某某案发前在当地务工，被砍伤后没有收入；毛某某在家照顾两个孩子，低保补助是家庭主要经济来源。村民反映，王某某经常酒后对毛某某实施家庭暴力，还多次殴打亲友、邻居；认为毛某某的行为是反抗家庭暴力，希望对其从轻处理。

2. 准确定性，依法妥善处理

检察机关认为，毛某某面对现实、紧迫的人身危险取刀反击，属于正当防卫，虽事先准备刀具，但不影响防卫性质。王某某徒手殴打，实施的是一般暴力行为，虽声称要拿菜刀砍毛某某，但在尚未使用可能危及生命或可能造成重伤的工具或高强度手段时，毛某某用刀砍王某某，其防卫手段及损害后果与不法侵害明显失衡，属于防卫过当。鉴于本案系家庭矛盾引发，毛某某有自首情节，依法决定对毛某某不起诉。

3. 开展司法救助和跟踪回访

针对王某某一家经济困难情况，检察机关为其申请司法救助，并与村委会沟通，由村委会监督司法救助款的使用，以管束王某某不再实施家庭暴力。作出不起诉决定后，检察机关对二人进行动态跟踪教育，经回访，王某某未再对毛某某实施家庭暴力。

**【典型意义】**

1. 正确认定因家庭暴力引发的故意伤害犯罪与正当防卫

"两高两部"《关于依法办理家庭暴力犯罪案件的意见》规定，为使本人或者他人的人身权利免受不法侵害，对正在进行的家庭暴力采取制止行为，符合《中华人民共和国刑法》第二十条第一款规定的，应当认定为正当防卫。防卫行为明显超过必要限度，造成施暴人重伤、死亡的，属于防卫过当，应当负刑事责任，但应当减轻或者免除处罚。是否"明显超过必要限度"，应当以是否足以制止并使防卫人免受家庭暴力不法侵害的需要为标准，根据施暴人正在实施家庭暴力的严重程度、手段的残忍程度，防卫人所处的环境、面临的危险程度、采取的制止暴力手段、造成施暴人重大损害的程度，以及既往家庭暴力的严重程度等综合判断。

2. 妥善把握家庭暴力引发刑事案件的特殊性

家庭暴力引发的刑事案件不同于其他案件，因有家庭因素牵涉其中，故处理时要兼顾维护家庭稳定、修复被损坏的家庭关系、尊重被害人意愿。对犯罪嫌疑人具有防卫性质、自首等法定情节，获得被害人谅解的，可以依法从宽处理。

3. 依法履行司法救助职能

对符合司法救助条件的，检察机关要积极开展司法救助，彰显司法人文关怀，帮助被救助人解决面临的生活困难、安抚心灵创伤，避免“因案致贫”“因案返贫”，促进家庭、社会和谐稳定。

## 案例五 ┆ 武某某、陈某某、傅某某故意杀人案

**【基本案情】**

被告人武某某，女，1971 年 7 月出生，系被害人之妻。

被告人陈某某，男，1996 年 5 月出生，系被害人女婿。

被告人傅某某，女，案发时 17 周岁，系被害人之女。

被害人傅某明，男，殁年 54 岁。

武某某与傅某明系夫妻，二人生育一女（案发时 6 周岁）。傅某明与前妻养育一女傅某某。傅某某与陈某某生育一女（案发时 3 个月）。上述 6 人共同生活。

傅某明酗酒后经常打骂家人。2010 年，傅某明和武某某结婚，婚后仍经常酗酒、打骂武某某，社区民警、村干部曾多次前往劝解。

2018 年 7 月 5 日 21 时许，傅某明在家中酗酒，与武某某、傅某某发生争吵，并欲打傅某某，被陈某某挡下。傅某明到厨房拿起菜刀欲砍傅某某，陈某某在阻拦过程中被傅某

明划伤手臂。傅某某、陈某某、武某某合力将傅某明按倒将刀夺下。武某某捡起半截扁担击打傅某明头部，致傅某明昏倒。傅某明清醒后往屋外逃跑，并大声呼救。武某某担心日后被继续施暴，遂提议将傅某明抓住打死。傅某某与陈某某一同追出，将傅某明按倒，武某某从家里拿出尼龙绳套在傅某明脖子上，勒颈后松开，见傅某明未断气，要求陈某某、傅某某帮忙拉绳直至傅某明断气。武某某让傅某某报警，3人在家等待，到案后如实供述罪行。经鉴定，傅某明系他人勒颈窒息死亡。

2018 年 7 月 6 日，四川省泸县公安局以武某某、陈某某、傅某某涉嫌故意杀人罪移送检察机关审查起诉。

2018 年 11 月 22 日，四川省泸县人民检察院以涉嫌故意杀人罪对 3 被告人提起公诉。

2019 年 4 月 1 日，四川省泸县人民法院以故意杀人罪判处武某某有期徒刑五年；判处陈某某有期徒刑三年二个月；判处傅某某有期徒刑三年，缓刑四年。一审宣判后，3 被告人均未上诉。

**【检察机关履职情况】**

1. 落实宽严相济刑事政策，依法适用认罪认罚从宽制度

傅某某作案时系未成年人，具有自首、从犯情节，且处于哺乳期，家中有 3 个月的女儿和 6 岁的妹妹需照顾；检察机关介入侦查后建议公安机关对其采取非羁押性强制措施。审查起诉阶段，武某某担心家中孩子无人照料意图包揽全部

罪责，检察机关释法说理，使武某某放下思想包袱，如实供述犯罪事实。同时，联系法律援助机构为3被告人指定辩护人，保障其辩护权。检察机关认为，本案是典型的家庭暴力被害人因不堪忍受家庭暴力杀死施暴者的刑事案件。傅某明有重大过错，结合3被告人的自首、从犯、未成年等量刑情节，听取被告人及其辩护人意见后，对武某某提出有期徒刑五年至八年的量刑建议；对陈某某提出有期徒刑三年至五年的量刑建议；对傅某某提出有期徒刑三年、缓刑四年的量刑建议。

2. 协同各方力量，妥善解决被告人服刑期间家庭问题

检察机关利用专业力量对未成年被告人傅某某及妹妹进行心理辅导，修复突发暴力事件造成的心理创伤。同时，发放司法救助金，联系镇村将其列为最低生活保障对象，并联系一位志愿者，为他们提供长期物质帮助，联系教育部门解决幼儿异地就学问题。

3. 利用公开庭审，开展反家暴普法宣传

检察机关与县妇联共同开展“以案说法，维护妇女权益”普法活动，在法院配合下，邀请县妇联、镇村妇联维权干部旁听该案庭审。同时，检察机关与妇联会签文件，加强协作配合，共同推动妇女维权工作的开展。

**【典型意义】**

1. 依法妥善办理家庭暴力引发的刑事案件

“两高两部”《关于依法办理家庭暴力犯罪案件的意见》

规定，对长期遭受家庭暴力后，在激愤、恐惧状态下为防止再次遭受家庭暴力，或者为摆脱家庭暴力而故意杀害、伤害施暴人，被告人的行为具有防卫因素，施暴人在案件起因上具有明显过错或者直接责任的，可以酌情从宽处罚。

2. 注重研究解决案件衍生的社会问题

因家庭暴力引发的刑事案件中，家庭成员或致伤、致死，或入狱服刑，家中多出现需要被抚养、赡养的人失去生活来源或无人照料的情形。检察机关积极与村（居）委会、民政及教育等部门对接，通过司法救助、社会帮扶、心理疏导等，妥善解决涉案家庭生活保障、监护保障、教育保障问题。

3. 通过以案释法，增强全民法治观念

检察机关注重在办案中普法，组织旁听庭审，将符合公开条件的庭审作为法治宣传公开课，教育公民尊法、学法、守法、用法，充分发挥“办理一个案件、警示教育一片”的作用。

## 案例六 ┆ 杨某某故意伤害案

**【基本案情】**

被不起诉人杨某某，女，1973 年 3 月出生。

被害人朱某某，男，1970 年 6 月出生。

二人 1995 年结婚后，因朱某某赌博及赡养老人等问题时常吵架，朱某某多次殴打杨某某。杨某某也多次提出离婚，并于 2020 年 7 月向法院起诉离婚，后经调解撤诉。

2019 年 1 月 8 日 23 时许，杨某某怀疑朱某某给其他女性发暧昧短信，二人在家中再次发生争执，杨某某用菜刀将朱某某左手手指砍伤，经鉴定为轻伤二级。

2020 年 8 月 14 日，朱某某报案。公安机关对杨某某故意伤害案立案侦查，9 月 30 日将杨某某逮捕。

2020 年 10 月 19 日，云南省会泽县公安局将杨某某故意伤害案移送检察机关审查起诉。

云南省会泽县人民检察院审查后，于 2020 年 11 月 18 日，依据《中华人民共和国刑事诉讼法》第一百七十七条第二款，对杨某某作出不起诉决定。

**【检察机关履职情况】**

1. 查清事实，开展羁押必要性审查

在审查逮捕阶段，因杨某某不认罪，检察机关作出批准逮捕决定。审查起诉阶段，通过检察机关释法说理，杨某某自愿认罪认罚。检察机关进行羁押必要性审查，认为对杨某某无继续羁押的必要，依法变更强制措施为取保候审。

2. 组织公开听证，听取各方意见

检察机关认为，本案系家庭矛盾激化引发，杨某某自愿认罪认罚，取得被害人谅解。考虑到家庭暴力因素牵涉其中，且二人婚姻关系紧张，为依法妥善处理本案，遂邀请人大代表、政协委员、人民监督员，在朱某某、杨某某和二人的女儿在场下对拟不起诉公开听证，听取各方意见。双方均表示接受处理意见并妥善处理婚姻问题。

3. 进行回访，加强反家庭暴力延伸工作

检察机关根据办案中反映出的朱某某家庭暴力行为，对朱某某进行训诫，朱某某表示愿意积极改善家庭关系。检察机关作出不起诉决定后，通过回访提示杨某某，如再次遭受家庭暴力，要留存、收集证据并及时报案。

**【典型意义】**

1. 对因遭受家庭暴力而实施的伤害犯罪要坚持依法少捕慎诉理念

在犯罪嫌疑人的犯罪行为与其长期遭受家庭暴力的事实密不可分的情况下，检察机关不能简单批捕、起诉，要全面细致审查证据，查清案件事实、起因，充分考虑其长期遭受家庭暴力的因素。

2. 注意听取当事人意见

“两高两部”《关于依法办理家庭暴力犯罪案件的意见》规定，办理家庭暴力犯罪案件，既要严格依法进行，也要听取当事人双方的意见，尊重被害人的意愿。在采取刑事强制措施、提起公诉时，更应充分听取被害人意见，依法作出处理。

3. 注重犯罪预防工作

对家庭暴力的施暴者可以运用训诫等措施，责令其保证不再实施家庭暴力。对家庭暴力的受害者可以加强举证引导，告知其必要时可以根据《中华人民共和国反家庭暴力法》的规定向法院申请人身安全保护令。

# 通过网络实施的侵犯妇女、未成年人等犯罪典型案例[①]

## 案例一 被告人冯文东故意杀人、盗窃案

### 【基本案情】

被告人冯文东通过互联网与被害人张某某（女，殁年24岁）相识。2010年7月21日，冯文东到张某某与被害人李仲鹏（殁年25岁）合租的北京市丰台区芳城园某小区的一房间内，依约定与张某某玩SM游戏（即性虐待游戏）。次日零时许，冯文东因琐事与张某某、李仲鹏发生争执，遂持张某某屋内的菜刀及其随身携带的匕首，先后砍、刺二人颈部、胸背部及腹部数十刀，致二人急性失血性休克死亡。之后，冯文东将李仲鹏IBM笔记本电脑一台（价值200元）、OBEE牌手机一部（价值30元）、钱包一个（价值10元）及现金1000余元盗窃逃离现场。

### 【裁判结果】

北京市第二中级人民法院经审理认为，被告人冯文东与

---

① 最高人民法院：《通过网络实施的侵犯妇女、未成年人等犯罪典型案例》，载最高人民法院官网2015年2月6日，https：//www. court. gov. cn/zixun-xiangqing-13328. html。

他人产生矛盾后，持刀杀死二人的行为已构成故意杀人罪；其在实施杀人行为后，窃取被害人数额较大财物的行为又构成盗窃罪，应依法并罚。依照刑法有关规定，北京市第二中级人民法院认定被告人冯文东犯故意杀人罪，判处死刑，剥夺政治权利终身；犯盗窃罪，判处有期徒刑六个月，并处罚金500元，决定执行死刑，剥夺政治权利终身，并处罚金500元。宣判后，被告人冯文东提出上诉。北京市高级人民法院经依法审理，裁定驳回上诉，维持原判，并依法报请最高人民法院核准。最高人民法院经依法复核，裁定核准被告人冯文东死刑。

**【典型意义】**

被害人张某某本系男性，去泰国做了变性手术后，以营利为目的，在网络上开设性虐待游戏培训班及招募性虐待游戏伙伴。被告人冯文东通过网络知道张某某招募性虐待游戏伙伴后，即与张某某联系并自愿付款1500元，让张某某对其实施性虐待。游戏过程中，冯文东害怕自己被捆绑后张某某将其杀害，二人因此发生争执，遂持刀捅死张某某及与张某某共同租房的被害人李仲鹏。该案的审判，清晰地向社会传达了网络的虚拟性介入个人隐私生活的风险，希望广大网民对此提高警惕，并培养健康、向上的兴趣爱好，避免惹火烧身。

## 案例二 被告人黄苏安诈骗案

**【基本案情】**

2011 年 10 月，被告人黄苏安用虚构的美籍华人身份，在某婚恋网站注册“相濡以沫”网名并结识女被害人谢某。交往过程中，黄苏安向谢某谎称，他所在的工作机构将启动巴拿马运河航线投资项目。该项目回报率为本金的 6 倍，投资门槛为 705 万元，在 2012 年元旦前除偿还本金外可另行给予回报 1800 万元。以此劝说谢某投资。谢某信以为真，同意投资上述项目。2011 年 10 月 18 日，谢某将 5 万元转至黄苏安指定的账户。同月 20 日，谢某向他人高息借得 200 万元，先后通过银行转账等方式交予黄苏安。之后，谢某又将向他人高息借的 490 万元及积蓄 10 万元一并交给黄苏安派来的人。谢某发现被骗后报警，追回赃款 335 万元。

**【裁判结果】**

上海市第一中级人民法院经审理认为，被告人黄苏安以非法占有为目的，采取虚构身份、编造高额回报投资项目等方法诈骗被害人钱款达 705 万元，其行为已构成诈骗罪，且数额特别巨大。依照刑法有关规定，认定被告人黄苏安犯诈骗罪，判处无期徒刑，剥夺政治权利终身，并处没收个人全部财产。宣判后，被告人黄苏安提出上诉。上海市高级人民法院经依法审理，裁定驳回上诉，维持原判。

**【典型意义】**

本案是一起利用婚恋网站交友实施诈骗犯罪的案件。随着都市工作、生活节奏的加快，专业婚恋网站成为适婚男女，特别是都市白领结识异性的新平台。但由于注册门槛低、信息审核难等原因，部分婚恋网站信息虚假，容易被不法分子用于实施违法犯罪行为。一些不法分子在婚恋网站注册账号，利用虚假身份进行交友，骗取对方信任后，借机实施盗窃、诈骗、敲诈勒索甚至强奸、绑架等暴力犯罪。本案被告人在婚恋网站注册账号，以虚假身份“美籍华人”作为幌子和诱饵，博取对方好感和信任后，以投资理财为名，诈骗巨额钱财。本案被告人虽然最终受到法律严厉制裁，部分赃款亦已追回，但被害人遭受的情感创伤以及巨额财产损失很难弥补挽回。此案警示公众，结识异性尽量选择正规婚恋交友网站，审慎核实对方身份及其他信息，在未确定对方信息前不轻易付出钱财和投入感情。

## 案例三 ┆ 被告人王道红故意杀人案

**【基本案情】**

2008 年年初，被告人王道红与有夫之妇刘某（被害人，殁年 33 岁）通过网络聊天相识，后发展为情人关系。2009 年 7 月，王道红结识了新女友并致女友怀孕。2009 年 11 月，王道红与刘某相约见面后发生了性关系。次日王道红以女友怀孕为名向刘某借钱 5000 元，遭到刘某拒绝。王道红心生恼怒，先后用手掐、用毛巾勒刘某颈部，还用胶带封住刘某口鼻，致刘某机械性窒息死亡。王道红将刘某的尸体掩埋后，持刘某手机向刘某家人发短信诈骗钱财未果。

**【裁判结果】**

湖南省常德市中级人民法院经审理认为被告人王道红因琐事采取掐、勒颈部等方式致被害人死亡，其行为构成故意杀人罪。王道红杀人手段残忍，后果严重，且杀人后向被害人亲属骗取钱财，主观恶性极大，犯罪情节恶劣，罪行极其严重，依法应予严惩。依照刑法有关规定，认定被告人王道红犯故意杀人罪，判处死刑，剥夺政治权利终身。宣判后，王道红提出上诉。湖南省高级人民法院经依法开庭审理，驳回上诉，维持原判，并依法报请最高人民法院核准。最高人民法院经依法复核，裁定核准被告人王道红死刑。

**【典型意义】**

迅速发展和广泛应用的互联网技术在现代生活中起着至关重要的作用。但是，网络也存在着虚拟性等弊端。据悉，国内某些流行网络社交软件的注册用户已达数亿人，在线用户也以千万计。现实生活中，不少人沉迷于网络交友，甚至将感情完全寄托在网络上结交的“情人”身上，被网络情人在网络上展示的“魅力”迷惑，过于轻信他人。但是，当虚拟的网络与现实发生碰撞后，情人的真实面目最终暴露，很多人如梦初醒，悔不当初。本案被害人刘某系有夫之妇，通过网络聊天结识了被告人王道红，并与之发展为情人关系。至案发前，刘某与被告人已交往一年有余，但刘某仍未能真正了解、认清被告人的真实性情和人品，最终导致悲剧发生。希望此案能引起公众的警觉，不要被网络恋情所迷惑，网络交友要谨慎。

## 案例四 被告人肖克臣绑架、强奸案

**【基本案情】**

被告人肖克臣与肖生坤（另案处理）预谋用网络实施绑架，并租赁广东省佛山市南海区里水镇一房屋用于作案。2013年6月13日晚，肖克臣以外出游玩为名，将通过手机微信“摇一摇”结识的被害人梁某某（女，时年15岁）骗出后，与肖生坤一起将梁某某骗至租赁房屋内。二人持美工刀威吓并用胶带捆绑梁某某，肖生坤从梁某某的手提包内搜得现金350元、小米手机1部。其间，肖克臣强行奸淫了梁某某。尔后，二人打电话联系梁某某的母亲，索得赎金2万元。后即逃离现场。

**【裁判结果】**

广东省佛山市南海区人民法院经审理认为，被告人肖克臣结伙以勒索财物为目的绑架他人，绑架过程中又违背被害人意志，强行与被害人发生性关系，其行为分别构成绑架罪、强奸罪，依法应当数罪并罚。肖克臣曾因诈骗罪被判处有期徒刑，刑满释放后不到半年又犯罪，系累犯，依法应当从重处罚。依照刑法有关规定，认定被告人肖克臣犯绑架罪，判处有期徒刑十一年，剥夺政治权利三年，并处罚金 1 万元；犯强奸罪，判处有期徒刑四年六个月，决定执行有期徒刑十四年，剥夺政治权利三年，并处罚金 1 万元。宣判后，被告人肖克臣提出上诉。佛山市中级人民法院经依法审理，裁定驳回上诉，维持原判。

**【典型意义】**

本案是一起利用网络交友实施绑架、强奸犯罪的案件。随着网络应用的发展和日渐普及，网络社交平台，特别是网络聊天工具，为人际交往带来了极大便利。与此同时，因其公共性、匿名性、便捷性等特点，网络社交平台也成为不法分子实施犯罪的新平台，由此引发的刑事案件数量呈上升趋势。一些年轻女性和青少年缺乏防范意识和能力，往往容易成为不法侵害的对象。本案中，被告人肖克臣伙同他人预谋绑架，事先租赁作案场所，通过微信搜索功能选定尚未成年的女网友作为作案对象，借外出游玩之名骗出后实施绑架、强奸行为，犯罪性质恶劣，情节后果严重，社会危害性大，又系累犯，人民法院依法对其所犯之罪从重处罚，一方面显示了人民法院严厉打击利用网络实施犯罪行为的坚定立场；另一方面通过真实案例警示公众，网络交友要保持警惕，不要轻信陌生人，特别是广大青少年和年轻女性，要不断提高防范意识和能力，保护自己及家人的人身和财产不受侵犯。

## 案例五 被告人叶振强绑架案

### 【基本案情】

2010年5月，被告人叶振强、路好宝租住河南省漯河市召陵区人民路某厂家属院×号楼×0×房，共同生活。因经济窘迫，叶振强产生绑架他人勒索钱财之念。同年10月23日晚，叶振强通过QQ聊天结识了被害人赵某（女，殁年18岁）。两人相约见面后，叶振强将赵某带回租住屋，趁赵某熟睡之际，用透明胶带、床单将赵某缠裹后控制。次日上午，叶振强用赵某的手机打电话向赵某的父母索要赎金，并让赵某与其父母通话。因赵某通话时泄露了绑架地址，二被告人担心事情败露，产生杀人灭口之念。路好宝按住赵某的腿，叶振强用毛巾捂住赵某的口鼻并勒其颈部，致赵某机械性窒息死亡，后二人逃离。

### 【裁判结果】

河南省漯河市中级人民法院经审理认为，被告人叶振强以勒索财物为目的绑架他人，后恐罪行败露，便将被害人杀害，其行为已构成绑架罪。叶振强在共同犯罪中起主要作用，系主犯，依法应按照其所参与的全部犯罪处罚。依照刑法有关规定，认定被告人叶振强犯绑架罪，判处死刑，剥夺政治权利终身，并处没收个人全部财产。路好宝犯绑架罪，判处有期徒刑十三年。宣判后，叶振强提出上诉。河南省高级人民法院经依法开庭审理，驳回上诉，维持原判，并依法报请最高人民法院核准。最高人民法院经依法复核，裁定核准被告人叶振强死刑。

**【典型意义】**

随着智能手机的发展和各种社交软件的广泛应用，网络社交无处不在。社交软件本身只是一个工具，不存在对错好坏，关键是如何使用。如果被不法分子利用，就会成为其犯罪的工具。网络无法验证用户的基本身份信息，更不可能校验用户的品行。犯罪分子正是利用此点，隐瞒真实身份，将自己扮演成各种角色，在网络上物色、“钓取”可能会成为其犯罪对象的人，在取得对方信任后，就邀约见面，进一步实现其犯罪目的。从近些年因网络发生的案件中可见，诈骗、抢劫、盗窃、敲诈勒索、强迫卖淫甚至强奸、杀人等恶性刑事犯罪时有发生，亟须引起广大网民的注意和警觉。本案中，被告人叶振强以绑架为目的通过网络寻找犯罪对象，骗取被害人赵某的信任后，将赵某骗至租住处，对赵某实施绑架行为，最终将赵某残忍杀害。希望本案能唤醒广大热衷网络交友的网友们的警觉，要慎重网络交友，不给犯罪分子可乘之机。

## 案例六 ┆ 被告人张盛贵强奸案

**【基本案情】**

2012年6月中旬，被告人张盛贵化名“张学川”通过QQ结识被害人范某（女，时年18岁），通过一段时间的网络聊天，二人渐渐熟悉。张盛贵多次要求范某做其女朋友遭拒，后范某答应与张盛贵做兄妹。同年7月5日，张盛贵与范某相约见面，并到公园游玩、逛街、购物。二人午饭后，张盛贵以天气太热为由，提出要去宾馆洗澡，让范某一同前往，并一再请求范某等他洗完澡再离开，范某答应。此后，二人来到一家宾馆，张盛贵以自己未带身份证为由，以范某的身份证登记入住该宾馆。洗完澡后，张盛贵锁闭房门，从裤子口袋中掏出一把刀威胁范某做其女朋友，并胁迫范某把身体给其看。范某见状，欲打电话求救。张盛贵即抢走其手机，并将范某强奸，还用手机拍下范某数张裸照。

**【裁判结果】**

福建省建阳市人民法院经审理认为，被告人张盛贵违背妇女意志，采用胁迫手段强行与被害人发生性关系，其行为已构成强奸罪。张盛贵曾因犯强奸罪被判处有期徒刑，在刑罚执行完毕后五年内再犯应当判处有期徒刑以上刑罚之罪，系累犯，依法应当从重处罚。鉴于张盛贵已赔偿被害人全部经济损失，可以酌情从轻处罚。依照刑法有关规定，认定被告人张盛贵犯强奸罪，判处有期徒刑四年六个月。宣判后，被告人张盛贵提出上诉，福建省南平市中级人民法院经依法审理，裁定驳回上诉，维持原判。

**【典型意义】**

当今 QQ 聊天已成为大部分年轻人生活的一部分，它拉近了人与人之间的时空距离，丰富了人们的业余文化生活。但是，在给人们生产生活带来便利的同时，也使不法之徒实施犯罪行为有了可乘之机。一些人专门在网络上利用 QQ 寻找侵害对象实施不法行为，其中，既有利用网络进行诈骗犯罪的，也有利用网络进行暴力犯罪的。涉世未深的年轻人，尤其容易被犯罪分子通过 QQ 这种虚拟的通讯方式编造的谎言欺骗、蒙蔽。净化网络空间，保护公民，尤其是未成年人的合法权益，必须严厉打击通过网络实施的犯罪行为。本案被告人张盛贵通过 QQ 结识刚刚高中毕业的范某，取得范某轻信后，即与范某相约见面，最后以洗澡为名骗得范某一同开房，趁机在房间内将范某强奸。该案的发生提醒公众，不能轻信通过网络结识的人员，不能在网络上透露个人信息，更不能孤身和网友见面，以免发生危险。

## 案例七 ┊ 被告人赵小明等非法拘禁案

**【基本案情】**

2011 年 3 月始，被告人赵小明、曹金胜、张乐良等人聚集在山东省青岛市黄岛区某房间内进行传销活动，由赵小明担任业务主任负责日常管理。同年 8 月 22 日，张乐良以帮助找工作为名，通过 QQ 聊天将被害人江某某（女，时年 20 岁）骗至其进行传销的房间后，赵小明安排曹金胜、张乐良等人对江某某讲授传销课程，并贴身看护以防江某某离开。8 月 25 日凌晨，江某某发现被骗入传销组织后，从该房间翻窗逃离时坠楼身亡。

**【裁判结果】**

山东省青岛市黄岛区人民法院经审理认为，被告人赵小明、曹金胜、张乐良非法限制他人人身自由，其行为均构成非法拘禁罪。赵小明在缓刑考验期内犯罪，依法应当撤销缓刑，数罪并罚；且其在共同犯罪中起主要作用，系主犯。张乐良、曹金胜系从犯。依照刑法有关规定，认定被告人赵小明犯非法拘禁罪，与前罪数罪并罚，决定执行有期徒刑十一年，剥夺政治权利一年；被告人张乐良犯非法拘禁罪，判处有期徒刑九年；被告人曹金胜犯非法拘禁罪，判处有期徒刑七年。现判决已发生法律效力。

**【典型意义】**

本案是一起采取非法拘禁手段强制女青年参加传销活动致人死亡的案件。随着网络技术的迅速发展，利用网络建立传销组织实施犯罪的案件日益增多。本案被害人江某某即利用网络找工作，不幸被传销分子盯上，被非法拘禁，终至逃生时不幸身亡，令人扼腕叹息。

# 最高人民法院<br>人身安全保护令十大典型案例①

## 案例一 陈某申请人身安全保护令案

**【基本案情】**

申请人陈某（女）与被申请人段某某系夫妻关系。双方婚后因工作原因分居，仅在周末、假日共同居住生活，婚初感情一般。段某某常为日常琐事责骂陈某，并常因言语不和发生争吵、撕扯，撕扯中互有击打行为。2017 年 5 月 5 日，双方因琐事发生争吵厮打，陈某在遭段某某拳打脚踢后报警。后汉台公安分局出警处理，决定给予段某某拘留 10 日，并处罚款 500 元的行政处罚。因段某某及其父母扬言要在拘留期满后上门打击报复陈某及其父母，陈某于 2017 年 5 月 17 日起诉至汉中市汉台区人民法院，申请人民法院作出人身保护裁定，并要求禁止段某某对其实施家庭暴力以及骚扰、跟踪、接触其本人、父母。

**【裁判结果】**

陕西省汉中市汉台区人民法院裁定：（1）禁止段某某对

① 《最高人民法院人身安全保护令十大典型案例》，载最高人民法院官网 2020 年 11 月 25 日，https：//www. court. gov. cn/zixun-xiangqing-274801. html。

陈某实施辱骂、殴打等形式的家庭暴力；（2）禁止段某某骚扰、跟踪、接触陈某及其相关近亲属。如段某某违反上述禁令，视情节轻重处以罚款、拘留；构成犯罪的，依法追究刑事责任。

**【典型意义】**

因段某某尚在拘留所被执行行政拘留处罚，汉中市汉台区人民法院依法适用简易程序进行缺席听证，发出人身安全保护令。办案法官充分认识到家庭暴力危害性的特点，抓紧时间审查证据，仔细研究案情，与陈某进行了面谈、沟通，获知她本人及其相关亲属的现状、身体状况、人身安全等情况，准确把握针对家庭暴力的行为保全申请的审查标准，简化了审查流程，缩短了认定的时间，依法、果断作出裁定，对受暴力困扰的妇女给予了法律强而有力的正义保护。陈某为家庭暴力受害者如何申请人身安全保护令作出了好的示范，她具有很强的法律、证据意识，能够在家庭暴力发生后及时报警、治疗伤情，保证自身人身安全，保存各种能够证明施暴行为和伤害后果的证据并完整地提供给法庭，使办案法官能够快速、顺利地在申请当日作出民事裁定，及时维护了其权益。

## 案例二 ┆ 赵某申请人身安全保护令案

**【基本案情】**

申请人赵某（女）与被申请人叶某系夫妻关系，因向法院提起离婚诉讼，叶某通过不定时发送大量短信、辱骂、揭露隐私及暴力恐吓等形式进行威胁。自叶某收到离婚诉讼案件副本后，恐吓威胁形式及内容进一步升级，短信发送频率增加，总量已近万条，内容包括“不把你全家杀了我誓不为人”“我不把你弄死，我就对不起你这份起诉书”“要做就做临安最惨的杀人案”等。赵某向人民法院申请人身安全保护令。案件受理后，因叶某不配合前往人民法院，承办人与叶某电话沟通。叶某在电话中承认向赵某发送过大量短信，并提及已购买刀具。

**【裁判结果】**

浙江省临安市人民法院裁定：禁止叶某骚扰、跟踪、接触赵某及其父母与弟弟。

**【典型意义】**

本案是一起因被申请人实施精神暴力行为而作出人身安全保护令的案件。《中华人民共和国反家庭暴力法》第二条规定，“本法所称家庭暴力，是指家庭成员之间以殴打、捆绑、残害、限制人身自由以及经常性谩骂、恐吓等方式实施的身体、精神等侵害行为”。因此，被申请人虽然未实施殴打、残害等行为给申请人造成肉体上的损伤，但若以经常性谩骂、恐吓等方式实施侵害申请人精神的行为，人民法院亦将对其严令禁止，对申请人给予保护。

## 案例三 周某及子女申请人身安全保护令案

**【基本案情】**

申请人周某（女）与被申请人颜某经调解离婚后，3 名未成年子女均随周某生活。然而每当颜某心情不好的时候，便不管不顾地到周某家中骚扰、恐吓甚至殴打周某和 3 个孩子，不仅干扰了母子 4 人的正常生活，还给她们的身心造成了极大的伤害。周某曾多次报警，但效果甚微，派出所的民警们只能管得了当时，过不了几日，颜某依旧我行我素，甚至变本加厉地侵害母子 4 人的人身安全，甚至周某的亲友也无法躲过。周某无奈之下带着 3 名子女诉至人民法院，请求人民法院责令颜某禁止殴打、威胁、骚扰、跟踪母子 4 人及其近亲属。

**【裁判结果】**

江苏省连云港市海州区人民法院裁定：（1）禁止颜某对周某及 3 名子女实施家庭暴力；（2）禁止颜某骚扰、跟踪、接触周某母子 4 人及其近亲属。

**【典型意义】**

本案系一起针对“离婚后家庭暴力”发出人身安全保护令的典型案例。《中华人民共和国反家庭暴力法》，顾名思义适用于家庭成员之间。现有法律对家庭成员的界定是基于血亲、姻亲和收养关系形成的法律关系作出的。除此之外，

《中华人民共和国反家庭暴力法》第三十七条中明确规定，“家庭成员以外共同生活的人之间实施的暴力行为，参照本法规定执行”，意味着监护、寄养、同居、离异等关系的人员之间发生的暴力也被纳入家庭暴力，受到法律约束。

## 案例四　李某、唐小某申请人身安全保护令、变更抚养权案

**【基本案情】**

申请人李某（女）与被申请人唐某原系夫妻关系，2008年协议离婚，婚生子唐小某由唐某抚养。唐某自2012年以来多次对唐小某实施家庭暴力，导致唐小某全身多处经常出现瘀伤、淤血等被打痕迹，甚至一度萌生跳楼自寻短见的想法。李某得知后曾劝告唐某不能再打孩子，唐某不听，反而威胁李某，对唐小某的打骂更甚，且威胁唐小某不得将被打之事告诉外人，否则将遭受更加严厉的惩罚。李某向公安机关报案，经医院检查，唐小某不但身上有伤，并且得了中度抑郁症和焦虑症。李某、唐小某共同向人民法院申请人身安全保护令，诉请人民法院依法禁止唐某继续施暴，同时李某还向人民法院提起了变更唐小某抚养权的诉讼。

**【裁判结果】**

广西壮族自治区柳州市柳北区人民法院裁定：（1）禁止唐某谩骂、侮辱、威胁、殴打李某、唐小某；（2）中止唐某

对唐小某行使监护权和探视权。

**【典型意义】**

由于法治意识的薄弱，不少家庭对孩子的教育依旧停留在“三天不打，上房揭瓦”这种落后的粗放式教育方法上，很大程度上会对孩子心智的健康发育，造成伤害且留下难以抹去的阴影。本案中，在送达人身安全保护令时，家事法官还建议警方和社区网格员，不定期回访李某、唐小某母子生活状况，及时掌握母子生活第一手资料，确保母子日常生活不再受唐某干扰。通过人民法院对人身安全保护令的快速作出并及时送达，派出所和社区的通力协执，及时帮助申请人恢复安全的生活环境，彰显了人民法院、公安部门、社区等多元化联动合力防治家庭暴力的坚定决心。

## 案例五 ┊ 朱小某申请人身安全保护令案

**【基本案情】**

朱小某（10 岁）与父亲朱某（被申请人）、继母徐某（被申请人）共同生活。朱某和徐某常常以“教育”的名义对朱小某进行殴打，树棍、尺子、数据线等等都成为体罚朱小某的工具。日常生活中，朱小某稍有不注意，就会被父母打骂，不管是身上还是脸上，常常旧痕未愈，又添新伤。朱小某由于长期处于随时面临殴打的恐惧中，其身心受到严重伤害。赣榆区妇联在知悉朱小某的情况后，立即开展工作，向人民法院提交派出所询问笔录、走访调查材料、受伤照片等家庭暴力证据，请求人民法院依法发出人身安全保护令。

**【裁判结果】**

江苏省连云港市赣榆区人民法院裁定：（1）禁止朱某、徐某对朱小某实施家庭暴力；（2）禁止朱某、徐某威胁、控制、骚扰朱小某。

**【典型意义】**

孩子是父母生命的延续，是家庭、社会和国家的未来。作为孩子的法定监护人，父母或是其他家庭成员应为孩子营造良好的成长氛围，以恰当的方式引导和教育孩子，帮助孩子树立正确的人生观和价值观。本案中，朱小某的父母动辄对其谩骂、殴打、体罚，对孩子造成严重的身心伤害，给其童年留下暴力的阴影。人民法院作出人身安全保护令之后，立即送达被申请人、辖区派出所、居委会及妇联，落实保护令监管事项，并专门与被申请人谈话，对其进行深刻教育，同时去医院探望正在接受治疗的朱小某。人民法院和妇联对朱小某的情况保持密切关注，及时进行必要的心理疏导，定期回访，督促朱某、徐某切实履行监护职责，为孩子的成长营造了良好环境。

《中华人民共和国反家庭暴力法》第二十三条第二款规定，当事人是无民事行为能力人、限制民事行为能力人，或者因受到强制、威吓等原因无法申请人身安全保护令的，其近亲属、公安机关、妇女联合会、居民委员会、村民委员会、救助管理机构可以代为申请。随着反家庭暴力工作的不断深入，对于自救意识和求助能力欠缺的家庭暴力受害人，妇联等职能机构代为申请人身安全保护令的案件越来越多。勇于对家庭暴力亮剑，已经成为全社会的共同责任。人民法院、公安部门、妇联、社区等部门构建起严密的反家庭暴力联动网络，全方位地为家庭弱势成员撑起“保护伞”。

## 案例六 ¦ 林小某申请人身安全保护令案

**【基本案情】**

申请人林小某（女）与被申请人林某系亲生父女关系，林小某从小跟随爷爷奶奶长大，从未见过母亲。后林小某转学到林某所在地读初中，平时住校，周末与林某一同居住。林小某发现林某有偷看其洗澡并抚摸其身体等性侵害行为，对其身体、心理等方面造成了严重的伤害。林小某感到害怕不安，周末就到同学家居住以躲避父亲。林某找不到林小某，便到学校威胁和发微信威胁林小某，导致其不敢上晚自习。老师发现并与林小某谈话后，林小某在班主任陪同下报警，配合民警调查，并委托社工组织向人民法院申请人身安全保护令。

**【裁判结果】**

广西壮族自治区钦州市钦北区人民法院裁定：（1）禁止林某对受害人林小某实施家庭暴力；（2）禁止林某骚扰、接触林小某。同时，将人身安全保护令向林小某的在校老师和班主任以及林小某和林某居住地的派出所和居委会进行了送达和告知。

**【典型意义】**

本案中，学校在发现和制止未成年人受到家庭暴力侵害方面发挥了重要作用。公安部门接到受害人报警后，联系了社工组织，为受害人提供心理疏导及法律救助。社工组织接到救助后，第一时间到学校了解情况，为未成年人申请人身安全保护令。人民法院依法签发人身安全保护令后，林小某也转学同爷爷奶奶一起生活。人民法院在审理相关案件中，主动延伸司法服务，贯彻“特殊保护、优先保护”理念，较好地维护了未成年人的合法权益。

## 案例七 罗某申请人身安全保护令案

**【基本案情】**

申请人罗某现年 68 岁，从未结婚生子，在其 27 岁时，收养一子取名罗某某，并与其共同生活。其间，罗某某经常殴打辱骂罗某。2019 年 11 月，因琐事，罗某某再次和罗某发生争执，并声称要杀死罗某。罗某害怕遭罗某某殴打，遂向当地村委会反映了上述情况，村委会考虑到罗某年岁已高，行动不便，且受到罗某某的威吓，村委会代罗某向人民法院申请人身安全保护令。

【裁判结果】

四川省德阳市旌阳区人民法院裁定：（1）禁止罗某某对罗某实施家庭暴力；（2）责令罗某某搬出罗某的住所。

【典型意义】

当事人因遭受家庭暴力或者面临家庭暴力的现实危险，向人民法院申请人身安全保护令的，人民法院应当受理。当事人是无民事行为能力人、限制民事行为能力，或者因受到强制、威吓等原因无法申请人身安全保护令的，其近亲属、公安机关、妇女联合会、居民委员会、村民委员会、救助管理机构可以代为申请。本案中，由于罗某年岁已高，行动不便，且受到罗某某的威吓，当地村委会代为申请人身安全保护令符合法律规定。

## 案例八 ┊ 吴某某申请人身安全保护令案

【基本案情】

申请人吴某某（女）与被申请人杨某某（男）2009 年相识后成为男女朋友，并居住在一起。2018 年农历春节过后，吴某某向杨某某提出分手，杨某某同意。2018 年 4、5 月，杨某某开始对吴某某进行跟踪、骚扰、殴打并强行闯入吴某某的住所和工作场地，限制吴某某的人身自由，抢夺吴某某住所的钥匙、手机，在吴某某住所地张贴污蔑、辱骂、威胁吴某某的材料。吴某某多次向住所地、工作场地所在的派出所报警，杨某某在经警察教育、警告之后仍屡教不改，并且变本加厉骚扰吴某某。吴某某向人民法院申请人身安全保护令。

**【裁判结果】**

四川省成都市成华区人民法院裁定：(1) 禁止杨某某对吴某某实施暴力行为；(2) 禁止杨某某骚扰、跟踪、接触吴某某及其家属；(3) 禁止杨某某接近、进入吴某某的住所及工作场所。

**【典型意义】**

本案是一起同居关系的一方申请人身安全保护令的案件。《中华人民共和国反家庭暴力法》预防和制止的不仅是家庭成员之间的暴力行为，还包括家庭成员以外共同生活的人之间实施的暴力行为。同居关系中暴力受害者的人身权利应当受到法律保护，同居关系的一方若遭受家庭暴力或者面临家庭暴力的现实危险，人民法院也可依当事人申请作出人身安全保护令。

## 案例九 ┊ 黄某违反人身安全保护令案

**【基本案情】**

申请人陈某某（女）与被申请人黄某系夫妻关系。两人经常因生活琐事发生争吵，黄某多次对陈某某实施家庭暴力。2016年3月22日晚，黄某殴打陈某某后，陈某某报警，后经医院诊断为腰3右侧横突骨折。2016年3月28日，陈某某向东兴市人民法院提出人身保护申请，请求禁止黄某对陈某某实施家庭暴力，禁止骚扰、跟踪、威胁陈某某及其近亲属。陈某某在承办法官联系其了解受家暴情况时，表示只是想警告黄某，暂不希望人民法院发出人身安全保护令。承办法官随即通知黄某到法院接受询问，黄某承认实施家庭暴力，承认错误，并承诺不再实施家庭暴力。人民法院为预防黄某再次实施家庭暴力，于2016年5月19日裁定作出人身安全保护令，并同时向黄某及其所在辖区派出所、社区、妇联送达。后黄某违反人身安全保护令，于2016年7月9日晚上20时许和次日早晨两次对陈某某实施家庭暴力。陈某某在2016年7月10日早上9时许电话控诉被家庭暴力事实，法官即联系城东派出所民警，派出所根据联动机制对黄某拘留五日。

**【裁判结果】**

2016年5月19日，广西壮族自治区东兴市人民法院作出（2016）桂0681民保令1号民事裁定：（1）禁止黄某殴打陈某某；（2）禁止黄某骚扰、跟踪、威胁陈某某及其近亲属。

**【典型意义】**

认定是否存在家庭暴力行为，一是看证据是否确凿，如报警记录、信访材料、病历材料等，能充分证明家庭暴力存在的，人民法院应立即裁定准许人身保护；二是通过听证或询问认定是否存在家庭暴力行为，以便有针对性、快速地认定家庭暴力，及时保护家庭暴力受害者及其亲属方。本案中，人民法院充分利用联动保护机制，作出人身安全保护令后，将裁定抄送给被申请人所在辖区派出所、妇联、社区等，并保持紧密互动，互相配合，对裁定人身保护后再次出现的家庭暴力行为进行严厉处罚。联动机制应对家庭暴力受害方的紧急求助起到了关键作用。

## 案例十 洪某违反人身安全保护令案

**【基本案情】**

申请人包某（女）与被申请人洪某原系恋人关系，双方共同居住生活。洪某在因琐事引起的争执过程中殴打包某，导致包某头皮裂伤和血肿。包某提出分手，并搬离共同居所。分手后，洪某仍然通过打电话、发微信以及到包某住所蹲守的方式对其进行骚扰。包某不堪其扰，遂报警，民警对洪某进行了批评教育。包某担心洪某继续实施暴力行为，遂向人民法院申请人身安全保护令。重庆市巴南区人民法院依法作出人身安全保护令。洪某收到人身安全保护令后，无视禁止，继续通过打电话、发短信和微信的方式骚扰包某，威胁包某与其和好继续交往，其间发送的消息达 300 余条。

**【裁判结果】**

重庆市巴南区人民法院决定，对洪某处以 1000 元罚款和

15 日拘留。

**【典型意义】**

本案是一起典型的针对家庭暴力作出人身安全保护令和对违反人身安全保护令予以司法惩戒的案例，主要有以下几点典型意义：第一，通过作出人身安全保护令，依法保护家庭暴力受害者的合法权利，彰显了法治的应有之义。中国几千年来都有“法不入家门”的历史传统，但随着时代的更迭和进步，对妇女儿童等弱势群体的利益保护已经得到社会的普遍认可。家庭成员以外共同生活的人可以被认定为拟制家庭成员，根据《中华人民共和国反家庭暴力法》第三十七条的规定，家庭成员以外共同生活的人可以申请人身安全保护令。第二，依法对公然违抗人民法院裁判文书的行为予以惩戒，彰显了遵法守法的底线。人身安全保护令不仅仅是一纸文书，还是人民法院依法作出的具有法律效力的裁判文书，相关人员必须严格遵守，否则应承担相应的法律后果。无视人身安全保护令，公然违抗人民法院裁判文书的行为已经触碰司法底线，必须予以严惩。第三，通过严惩家庭暴力行为，对施暴者起到了震慑作用，弘扬了社会文明的价值取向。“法不入家门”已经成为历史，反对家庭暴力是社会文明进步的标志。通过罚款、拘留等司法强制措施严惩违反人身安全保护令的施暴者，让反家庭暴力不再停留在仅仅发布相关禁令的司法层面，对施暴者予以震慑，推动整个社会反家庭暴力态势的良性发展。

# 最高人民法院发布<br>惩治拐卖妇女儿童犯罪典型案例①

## 案例一　蓝树山拐卖妇女、儿童案

**【基本案情】**

1988年9月，被告人蓝树山伙同同案被告人谭汝喜（已判刑）等人在广西壮族自治区南宁市，将被害人向某某（女，时年22岁）拐带至福建省大田县，经林传溪（另案处理，已判刑）等人介绍，将向某某出卖。1989年6月，蓝树山伙同黄日旭（另案处理，已判刑），经“邓八”（在逃）介绍，将被害人廖某（男，时年1岁）从广西壮族自治区宾阳县拐带至福建省大田县，经林传溪介绍，将廖某出卖。此后至2008年间，蓝树山采取类似手段，单独或伙同他人在广西宾阳县、巴马县等12个县，以及钦州市、凭祥市、贵港市、河池市等地，先后将被害人韦某某、黄某某等33名3至10岁男童拐带至福建省大田县、永春县，经林传溪、苏二妹（另案处理，已判刑）和同案被告人郭传贴、涂文仕、陈建东（均已判刑）等人介绍，将其出卖。蓝树山拐卖妇女、儿

---

① 《最高人民法院发布惩治拐卖妇女儿童犯罪典型案例》，载《人民法院报》2015年2月28日，第3版。

童，非法获利共计50余万元。

**【裁判结果】**

广西壮族自治区河池市中级人民法院经审理认为，蓝树山为牟取非法利益，拐卖妇女、儿童，其行为已构成拐卖妇女、儿童罪。虽然蓝树山归案后坦白认罪，但其拐卖妇女、儿童人数多，时间长，主观恶性极深，社会危害极大，情节特别严重，不足以从轻处罚。依照刑法有关规定，以拐卖妇女、儿童罪判处被告人蓝树山死刑，剥夺政治权利终身，并处没收个人全部财产。宣判后，蓝树山提出上诉。广西壮族自治区高级人民法院经依法审理，裁定驳回上诉，维持原判，并依法报请最高人民法院复核。最高人民法院经依法复核，核准蓝树山死刑。

**【典型意义】**

对于拐卖妇女、儿童犯罪，我国司法机关历来坚持从严惩治的方针。其中，偷盗、强抢、拐骗儿童予以出卖，造成许多家庭骨肉分离，对被拐儿童及其家庭造成巨大精神伤害与痛苦，在社会上易引发恐慌情绪，危害极大，更是从严惩治的重点。本案中，被告人蓝树山拐卖妇女1人，拐骗儿童34人予以出卖，不少儿童被拐10多年后才得以解救，回到亲生父母身边。众多家长为寻找被拐儿童耗费大量时间、金钱和精力，其中有1名被拐儿童亲属因伤心过度去世。综合考虑，蓝树山所犯罪行已属极其严重，尽管有坦白部分拐卖事实的从轻处罚情节，人民法院对其亦不予从轻处罚。

## 案例二 杨恩光、李文建等拐卖妇女案

**【基本案情】**

被告人杨恩光、李文建伙同田沈忠、张兴祥、李春飞等人（均系同案被告人，已判刑），先后以嫖娼为名，在云南省河口县一些宾馆、酒店，采用暴力手段，强行将越南籍妇女被害人阮某桃、阮某恒等 17 人带至云南省富宁县、砚山县、广南县、马关县等地，通过赵阿林、何万周（均系同案被告人，已判刑）等联系，转卖给当地村民。其中，杨恩光参与作案 6 起，拐卖妇女 12 人，李文建参与作案 7 起，拐卖妇女 14 人。

**【裁判结果】**

云南省红河哈尼族彝族自治州中级人民法院经审理认为，杨恩光、李文建等人采用暴力、胁迫的方式绑架妇女后出卖，其行为构成拐卖妇女罪，均应依法惩处。在共同犯罪中，杨恩光、李文建提起犯意，具体负责联系买家交易及分配赃款，起主要作用，系主犯。杨恩光系累犯，应从重处罚。依照刑法有关规定，以拐卖妇女罪分别判处被告人杨恩光、李文建死刑，缓期二年执行，剥夺政治权利终身，并处没收个人全部财产；以拐卖妇女罪分别判处田沈忠、张兴祥、李春飞等人无期徒刑，剥夺政治权利终身，并处没收个人全部财产；

其他同案被告人分别被判处十五年至四年不等有期徒刑，并处没收个人全部财产或罚金。宣判后，杨恩光、李文建提出上诉。云南省高级人民法院经依法审理，裁定驳回上诉，维持原判。

**【典型意义】**

本案被害人身份特殊，均系越南籍妇女，且多数在我国境内从事卖淫活动，本属依法整顿治理的对象，但被害人的特殊身份并不影响我国司法机关对拐卖妇女涉案人员的定罪量刑。本案 2 名被告人被判处死缓，3 名被告人被判处无期徒刑，彰显了我国司法机关依法严厉打击、遏制一切形式拐卖妇女犯罪的决心。案发后，我国司法机关依照我国缔结和参加的有关国际条约的规定，积极履行所承担的国际义务，将被解救妇女妥善安置，并及时与有关外事部门联系，提供司法协助和司法救助，将被解救妇女全部安全地送返国籍国。

## 案例三 ┊ 王尔民收买被拐卖的妇女、非法拘禁、强奸案

**【基本案情】**

被告人王尔民因妻子不能生育而欲收买妇女为其生子。2013 年 6 月，王尔民以 1 万元从张正见、武仲廷（均系同案被告人，已判刑）处将被害人杨某（女，患有精神分裂症）收买回家。为防止杨某逃跑，王尔民将杨某关在家中杂物间，并用铁链锁住杨某的双脚，将杨某的一只手锁在一块大石头

上。其间，王尔民多次与杨某发生性关系。同年 7 月 12 日，杨某被公安机关解救。

**【裁判结果】**

江苏省睢宁县人民法院经审理认为，王尔民收买被拐卖的妇女后非法限制其自由，明知该妇女患有精神病，还多次与其发生性关系，其行为分别构成收买被拐卖的妇女罪、非法拘禁罪和强奸罪，应依法并罚。依照刑法有关规定，对王尔民以收买被拐卖的妇女罪判处有期徒刑一年六个月；以非法拘禁罪判处有期徒刑二年六个月；以强奸罪判处有期徒刑七年，决定执行有期徒刑十年。

**【典型意义】**

本案是一起因收买被拐卖的妇女被判刑的典型案例。实践中，收买被拐卖的妇女不仅侵犯了妇女的人格尊严，还往往滋生出非法拘禁、强奸、伤害、侮辱等其他犯罪，严重侵犯了妇女的人身权利，社会危害不容低估，一些群众对“买主”盲目同情的错误观念亦应纠正。